전도서

어, 인생이 보인다!

이대희 지음 | 바이블미션 편

엔크리스토
ENCHRISTO

인생의 기초를 성경으로 다져라

십대는 두 번 다시 돌아갈 수 없는 인생의 귀한 시기입니다.
앞으로 인생을 살아가는 데 있어 기초를 다지는 시기로, 십대를 어떻게
보내느냐에 따라 인생이 달라집니다.

우리가 사는 세상에는 십대를 유혹하는 잘못된 문화와 가치관들이
너무 많습니다.
세상에 물들지 않고 성경적 가치관과 하나님의 나라를 꿈꾸며 살아갈
수 있는가 하는 것은 모든 십대뿐 아니라 십대를 지도하는 부모와 교사
들이 갖는 중요한 관심사입니다.

십대들을 영원히 지켜 줄 수 있는 것은 오직 말씀입니다.
이 시기에 하나님의 말씀으로 얼마나 무장하느냐에 따라 미래의 삶이
결정됩니다.
성경으로 인생의 기초를 다지는 일은 그 어떤 일보다 중요한 일입니다.

〈틴~꿈 십대성경공부〉 시리즈는 성경 자체를 배우면서 십대의 삶을

가꾸는 내용으로 구성되었습니다. 일차적으로 성경개관을 통해 성경 전체의 맥을 잡고, 그 다음으로 구약성경책과 신약성경책을 통해 십대에 관계된 성경의 각 권을 선택하여 공부하도록 했습니다.

자매 시리즈인 〈아름다운 십대성경공부〉 시리즈와 함께 연결하여 사용하면 균형 있는 교과과정이 됩니다.

아무쪼록 이 성경공부 교재를 통해 성경적 비전을 품고 말씀과 일치를 이루는 하나님의 사람으로 자라나길 기도합니다.

오직 주님께 영광을….

이대희

틴~꿈 십대성경공부 시리즈 교재의 특성

1_ 십대들이 꼭 알아야 할 핵심내용과 성경적인 가치관과 세계관을 정립하는 성경공부입니다.

2_ 귀납적 형태를 띤 이야기대화식으로 탐구능력을 키우고 생각을 점차 열리게 하는 흥미로운 성경공부입니다.

3_ 자유로운 토의와 열린 대화를 활발하게 하는 소그룹에 적합한 성경공부입니다.

4_ 영적 사고력과 해석력, 분별력을 키우면서 스스로 적용능력을 점차 극대화시켜 주는 성경공부입니다.

5_ 본문 중심 성경공부로, 성경이야기 속으로 빠져들어 말씀의 성육신을 경험하는 성경공부입니다.

6_ 흥미와 재미를 유도하는 주제로 구성되어 있고, 모두가 쉽게 참여하면서 영적 깊이와 변화를 체험하게 하는 전인적인 성경공부입니다.

7_ 성경공부를 통하여 자연스럽게 학과공부와 전인교육에 필요한 논술력, 사고력, 상상력, 창의력, 응용력을 함께 계발시키는 성경공부입니다.

8_ 분반공부와 제자훈련 등 시간(30분, 1시간, 1시간 30분)을 탄력적으로 운영하며 사용할 수 있는 성경공부입니다.

9_ 15년 동안 준비하고 실험한 성경공부 사역 전문가에 의해 검증된 효과적인 공부 방법과 총체적이며 전인적인 교과과정이 체계적으로 구성된 신뢰할 만한 성경공부입니다.

틴~꿈 십대성경공부 시리즈 전체 양육과정표

〈틴~꿈 십대성경공부 시리즈〉는 1년 단위로 5권씩 3년 동안 성경 전체의 내용을 핵심적으로 다루도록 구성되었습니다. 1년차는 성경 파노라마를 통해 성경의 맥과 개관을 다룹니다. 그리고 구약책과 신약책 중에서 십대에 맞는 책을 선택하여 집중적으로 유형별로 균형 있게 공부하도록 했습니다. 십대 시기에 성경의 맛을 직접 느끼게 함으로써, 앞으로의 삶 속에서 성경을 계속 배우고 실천하는 데 도움을 주는 방향으로 내용을 구성했습니다. 십대를 마칠 때는 적어도 성경의 중요한 맥과 뼈대를 잡고, 성경의 내용을 각 권별로 조금씩이라도 살아 있는 말씀으로 경험한다면 평생 동안 말씀과 함께 사는 데 큰 도움이 될 것입니다.

	성경개관 시리즈	구약책 시리즈	신약책 시리즈
1권	성경파노라마 - 구약1 성경, 한눈에 쏘옥~	창세기 인생의 뿌리, 꽉- 잡아라	누가복음 최고의 멘토, 예수님을 만나라
2권	성경파노라마 - 구약2 성경, 한눈에 쏘옥~	에스더 영적 거인, 빼- 닮아라	로마서 내 안의 복음 발전소
3권	성경파노라마 - 구약3 성경, 한눈에 쏘옥~	다니엘 나는 바이블 영재!	사도행전 글로벌 증인이 되어라
4권	성경파노라마 - 신약1 성경, 한눈에 쏘옥~	잠언 지혜가 최고야!	빌립보서 기쁨을 클릭하라
5권	성경파노라마 - 신약2 성경, 한눈에 쏘옥~	전도서 어, 인생이 보인다!	요한계시록 인생 승리, 폴더를 열어라

* 틴꿈 십대 새가족 양육교재

● 각 과는 10과 내외로 구성되어 있으며, 3년 과정으로 중고등부가 모두 사용할 수 있습니다. 각 교회 상황에 따라 순서에 상관없이 책을 자유롭게 선택하여 사용 가능합니다. 과정을 계속 이어가기를 원하면 〈아름다운 십대성경공부 시리즈〉(3년차)와 연관하여 사용할 수 있습니다.

틴~꿈 십대성경공부 교재의 구성

본 교재는 다음과 같은 단계로 구성되었습니다. 전체 단계를 잘 이해하고 활용하면 성경공부에 훨씬 효과적입니다.

■ 열린 마음

마음을 여는 단계입니다. 성경공부는 마음을 먼저 열지 않으면 말씀이 들어오지 않게 됩니다. 질문에 편안하게 답하도록 하되 무리하게 답을 끌어낼 필요는 없습니다. 질문을 통해 마음을 집중하는 데 그 의미가 있습니다.

■ 말씀 먹기

말씀 속으로 들어가는 단계입니다. 공부를 할 때, 본문을 먼저 읽고 나서 질문을 통하여 말씀 속으로 함께 들어가는 데 목표를 둡니다. 가능하면 본문을 지식적으로 이해하기보다는 전인적으로 이해하는 접근 방식이 필요합니다. 성경을 이야기 식으로, 글자가 아닌 사건으로 보도록 합니다. 그리고 생명의 말씀을 먹는다는 자세로 의미를 생각하며 질문에 대한 답을 해야 합니다. 그렇게 하면 점차 성경 속으로 들어가는 것을 경험할 것입니다.

　일반 학교공부보다 차원이 높습니다. 이것을 터득하면 일반 공부는 쉽습니다(주제별로 구절을 공부하는 방식보다 본문을 통하여 성경지문을 공부하면, 전체 문맥을 이해하는 능력과 아울러 논술 · 논리 · 구술 · 토론 능력이 자동적으로 해결됩니다).

■ 되새김

되새김은 소가 먹은 음식을 다시 되씹는 과정과 같습니다. 말씀을 지식
적으로 이해하는 것을 넘어 그 의미를 곱씹는 것입니다. 도움말을 통하
여, 이미 알고 있던 말씀의 의미를 다시 한 번 깊게 생각하는 단계입니
다. 처음에는 도움말 없이 질문에 대한 답을 스스로 찾아내도록 합니
다. 단순히 단어나 구절을 외우는 것이 아닌, 의미를 곱씹어 생각하는
것이 중요합니다.

■ 생각해 보기

본문에서 특별히 생각해야 할 중심 주제를 생각해 보는 단계입니다.
즉, 머리에서 가슴으로 이르게 하는 단계입니다. 말씀을 실천으로 옮기
기 위해서는 말씀을 깨닫는 일이 선행되어야 합니다. 가슴으로 깨닫는
것만이 실천에 이르게 됩니다. 이 단계에서 서로 의견을 나누고 토론을
하면 좋습니다. 한 사람의 일방적인 설명보다는 각자의 생각을 자유롭
게 나눌 수 있도록 소그룹을 활성화합니다.

■ 삶의 적용

'되새김'과 '생각해 보기'를 통해서 얻어진 말씀을 내 삶에 적용하는
단계입니다. 단어나 구절을 그대로 실천하는 것은 율법적인 적용이 될
수 있습니다. 의미를 이해하고 그것을 내 삶에 알맞게 응용하면서 적용
하는 것이 바람직합니다.

■ 실천 메시지

본문에서 생각할 수 있는 내용을 정리했습니다. 내용을 읽고 나서 자기
의 생각을 나누어도 좋습니다. 실천 메시지를 통해서 한 가지라도 분명
한 메시지를 가슴에 품고 적용하며 실천하는 시간입니다.

지혜로 배우는 인생

전도서는 인생의 교훈을 들려주는 책입니다. 십대는 인생의 기초를 배우는 매우 중요한 시기입니다. 이때 어떤 가치관과 세계관으로 무장하느냐에 따라 미래가 결정됩니다.

많은 사람들은 경험을 통해 인생을 배운다고 생각합니다. 그래서 어린이들은 인생을 모른다고 생각하기 쉽습니다. 나이가 들고 연륜이 생겨야 인생의 의미를 깨달아 안다는 이야기입니다. 나이 60~70이 되면 참된 인생을 깨닫는 사람들도 있지만 그렇지 못한 사람들도 많습니다. 죽을 날이 얼마나 남지 않았음에도 여전히 세상에 미련을 두고 욕심을 부리는 사람들이 많습니다. 그런 것을 보면 단지 인생을 오래 살았다고 해서 지혜로운 것은 아닙니다. 나이가 들어도 여전히 욕심과 욕망에 사로잡혀 사는 사람들이 세상에는 많습니다.

인생은 경험과 연륜을 통해서만 배우는 것은 아닙니다. 경험을 하고 나면 이미 배우기 늦은 경우도 많습니다. 그때는 후회를 해도 늦습니다. 인생을 늦게 깨달으면 큰 의미가 없습니다. 인생은 길면 70~80년, 짧으면 40~50년입니다. 언제 그 시간을 다 경험하고서 인생을 알겠습니까. 그렇다면 어떻게 인생을 알 수 있습니까? 경험하기 전에 미리 인생을 안다면 어리석은 삶을 살지 않게 됩니다. 그 이후의 삶은 참으로 가치가 있을 것입니다. 그것을 가르쳐 주는 책이 전도서입니다.

솔로몬 등 지혜자가 쓴 책이 전도서입니다. 그들이 인생을 다 살아보고 얻은 결론을 정리하고 있습니다. 그것은 시대와 상관없이 동일한 원리입니다.

이런 면에서 전도서는 인생의 교훈을 말하고 있는 책입니다. 이미 경험을 통해 검증된 책입니다. 우리는 전도서를 통해 지혜를 얻고 실수와 잘못을 반복하지 않는 것이 중요합니다.

인생은 딱 한 번입니다. 두 번 다시 오지 않습니다. 따라서 시행착오를 하지 않아야 합니다. 실패하지 않는 삶을 살기 위해서는 인생의 교훈을 가르쳐 주는 전도서 같은 책이 절대적으로 필요합니다. 특히 십대 때 전도서를 읽고 공부하는 것은 참으로 의미가 있습니다. 어떤 공부보다도 더 중요한 공부이며, 먼저 해야 할 공부입니다.

전도서는 인생의 때를 잘 파악하고 그때에 하나님이 원하시는 삶을 살라고 권면합니다. 특히 하나님을 경외하는 것이 지혜의 근본이며, 세상의 모든 것들은 잠시요, 헛된 것이라고 말합니다. 그런 세상의 화려함에 미련을 두지 말고 가치 있는 것에 인생을 걸어야 합니다. 인생은 헛되며 모든 인간은 죽습니다. 어떻게 보면 전도서는 비관적 세계관인 것처럼 보입니다. 그러나 그렇지 않습니다. 하나님을 발견하면 인생이 새롭게 보입니다.

하나님을 경외하고 그 법을 지키며 사는 것이 인생의 최종 목적이요, 가치 있는 일이라고 전도서 마지막 구절은 말합니다. 하나님의 명령을 지키고 사는 것이야 말로 최고의 행복입니다. 마지막에는 하나님의 심판이 있습니다. 그것을 생각하며 세상을 살아간다면 하루의 삶이 의미가 있을 것입니다.

소망을 하나님께 두면서 세상을 하나님이 원하는 모습으로 변화시키는 데 인생을 던진다면 즐거움이 생길 것입니다. 전도서를 공부하는 십대들에게 노인에게서도 찾을 수 없는 놀라운 인생의 지혜를 얻는 축복이 임하기를 기도합니다.

차례

01

새것이란 없다

"전도자가 이르되 헛되고 헛되며 헛되고 헛되니
모든 것이 헛되도다." (전 1:2)

열린 마음

● 계속 변하는 유행에 대해서 나는 어떤 생각을 가지고 있습니까? 왜 사람들은 새로운 유행을 좋아한다고 생각합니까?

_____

_____

 ## 말씀 먹기

● 전도서 1:1-11을 읽고 다음 질문에 답해 보세요.

헬라사상은 우주의 기본적인 구조를 흙·불·공기·물로 언급합니다. 그러나 성경은 우주의 구조가 아니라 우주의 덧없는 모습을 말합니다. 세상은 계속되는 진화와 변화를 원하지만 사실은 시간이 흐르는 것 말고는 세상은 아무것도 변한 것이 없습니다.

1 전도서는 누가 말하는 내용입니까? (1)

_____

_____

2 전도자가 말하는 세상에서 삶은 어떤 것입니까? (2-3)

_____

_____

3 시대와 해와 바람과 물에 대한 의미를 말해 보십시오. (4-7)

_____

_____

4 사람들은 만물을 대하면서 어떤 마음을 갖습니까? (8)

_____

_____

5 우리가 새롭다고 말하는 것은 결국 어떤 것입니까? (9)

_____

_____

6 매우 발전한 것처럼 보이는 현재의 세대는 과거와 비교해서 무엇이라 말할 수 있습니까? (10-11)

_____

_____

 생각해 보기

1 세상은 수많은 변화를 꿈꾸고 있습니다. 사람들은 새로운 유행을 따라갑니다. 그러나 알고 보면 그것은 모두 이전 것의 반복일 뿐입니다.

이것을 통해 과거와 현재와 미래에 대한 생각을 정리해 보십시오.

---

2 왜 전도자가 이 세속에서 인생은 헛되다고 했는지 그 이유를 말해 보십시오.

 삶의 적용

1 나는 지금 어떤 삶을 좇고 있습니까? 인생의 목표에 대해서 점검해
보십시오.

_____

_____

2 헛된 삶을 살지 않기 위해서 내가 해야 할 일은 무엇입니까?

_____

_____

이스라엘의 달력

그것은 오래 전에 있었던 것이다

십대들은 유행을 따라 살고 싶어 합니다. 새로운 것들이 나오면 매우 신기해 합니다. 그래서 계속 변화를 추구합니다. 핸드폰도 계속 새로운 기종으로 바뀝니다. 옷과 머리 스타일 등도 그렇습니다. 그러나 어느 때가 되면 복고풍으로 돌아옵니다. 유행도 사실은 돌고 도는 것을 볼 수 있습니다. 조금씩 변화를 추구하지만 본래의 모습은 변하지 않습니다. 성질이 변하지 않습니다. 창조와 발명도 알고 보면 새로운 것을 발견한 것이 아니라 원래 있었던 것을 새롭게 발견한 것입니다. 하나님이 만드신 처음의 것을 늦게야 인간이 발견하고 대단한 것처럼 생각하지만, 사실은 그렇지 않습니다. 본래 하나님이 만드실 때부터 있던 것들입니다. 새로운 것이라고 떠들어대면서 인간의 교만을 드러내기보다는 하나님의 창조의 신비가 늦게야 발견된 것을 보고 오히려 하나님께 영광을 돌려야 합니다.

시대가 지나면서 기억에서 사라진 것들이 다시, 새로운 유행처럼 오지만 결국은 그것도 본래 있었던 것입니다. 이렇게 보면 세상에는 새로운 것이라 말할 수 있는 것이 없습니다. 오히려 이런 것으로 인간을 속이고, 하나님보다 더 위대한 것처럼 인간을 높이는 행위를 우리는 조심해야 합니다. 그것은 이미 오래전에 있었던 것입니다. 하나님이 세상을 만드실 때 이미 존재해 있었던 것입니다.

02

온갖 영화를
다 누려 보니…

"그 후에 내가 생각해 본즉 내 손으로 한 모든 일과 내가 수고한 모든 것이 다 헛되어
바람을 잡는 것이며 해 아래에서 무익한 것이로다." (전 2:11)

열린 마음

● 돈과 권력과 명예를 가진 사람들의 행복과 고민은 무엇이라고 생각합니까?

_____

_____

 말씀 먹기

● 전도서 1:12-2:11을 읽고 다음 질문에 답해 보세요.

본문은 일종의 왕의 고백입니다. 자신에게 주신 하나님의 엄청난 축복을 모두 경험해 보았는데 그것의 결론은 헛된 것이라고 매듭을 짓습니다. 왕이 경험한 것들은 지금 세상 사람들이 평생 동안 그렇게 갖고 싶어 하는 것들입니다.

1 저자인 솔로몬 왕이 이스라엘을 다스리면서 생각한 세상 일에 대한 결론은 무엇입니까? (12-14)

_____

_____

2 그 이유는 무엇입니까? (15)

_____

3 왕이 하나님이 주신 많은 지혜를 사용하면서 스스로 장담한 내용은 무엇입니까? (16)

_____

_____

4 그러나 그것에 대한 결론은 무엇입니까? (17-18)

_____

_____

5 왕이 혼자서 생각해 본 내용은 무엇이었습니까? 그것에 대한 교훈은 무엇입니까? (2:1-2)

_____

_____

6 왕은 한때 어떤 생각을 가지면서 살았습니까? (3)

_____

_____

7 그렇게 하여 세상 사람들이 그렇게 갖고 싶어 하는 모든 것과 큰일을 해 보았는데 그 내용들을 말해 보십시오. (4-10)

_____

_____

8 인생의 부귀영화를 다 누리고 모든 것을 다 해본 최종 결론은 무엇입니까? (11)

_____

_____

🌸 생각해 보기

1 세상의 부귀와 즐거움의 마지막은 무엇일까? 사람들은 이것들을 다 경험하고서 결론을 맺으려 합니다. 그러나 경험하지 않고도 이미 결론은 났습니다. 그것이 무엇입니까?

_____

_____

💡 **Tip** 세상의 일은 바람을 잡으려는 것과 같습니다. 바람을 잡을 수 있습니까? 없습니다. 잡았는가 싶으면 사라지고 없어지는 것이 바람입니다. 세상의 대단한 일도 바람 잡는 것과 같습니다. 성공과 영광도 잠시요 결국은 다 사라지고 맙니다. 인간이 죽으면서 모두 물거품처럼 없어집니다.

2 세상의 성공과 즐거움은 모두 헛된 것임에도 왜 사람들은 여전히 그것을 좇아갈까요?

_____

_____

💡 **Tip** 바람 잡는 것과 같은 세상의 성공을 왜 사람들은 붙잡고 가려고 할까요? 그것은 아직 중요한 가치를 발견하지 못해서입니다. 인생의 핵심을 잡지 못하면 허무한 것에 시간을 보냅니다. 영원한 것이 없으면 일시적인 것에 사로잡히게 되는 것이

인생입니다. 그것에 더 욕심을 부리지만 결국은 없어지는 신기루를 잡는 것과 같습니다.

 삶의 적용

1 나는 지금 살아가면서 무엇을 가장 하고 싶습니까? 그것을 통해 나는 얼마나 행복할 것 같습니까?

_____

_____

2 솔로몬 왕이 해본 것들의 목록 중에서 내가 가장 하고 싶은 것은 무엇입니까? 왜 그런지 이유를 말해 보십시오.

_____

_____

3 오늘 말씀을 통해 얻은 교훈을 말해 보십시오.

_____

_____

세상의 자랑을 보면서…

솔로몬왕은 일찍이 세상의 모든 영광을 다 누려 보았습니다. 역사적으로 어떤 사람도 솔로몬처럼 대단한 영광을 누려 본 적이 없습니다. 심지어 1000명의 부인들에 부귀와 영광과 권력과 지혜와 즐거움 등 모든 것을 다 가져 보았습니다. 하나님이 그에게 엄청난 것들을 아주 많이 주셨습니다. 그럼에도 솔로몬은 만족하지 못했습니다. 그것은 무엇을 의미합니까? 솔로몬이 전도서를 남기면서 그 대답을 하려고 한 것입니다. 솔로몬은 더 이상 세상의 헛된 것, 바람 잡는 것과 같은 것에 인생을 허비하지 말라고 교훈합니다.

전도서에서 그가 '인생은 헛된 것이고 모두 바람 잡는 것'이라고 말하는 내용은 직접 경험해 본 것입니다. 그래서 우리에게 의미가 있습니다. 모두 경험한 끝에 나온 결론은 '다 쓸데없는 일'이라는 것입니다. 바람 잡는 것 같은 세상에 속지 말고 더 이상 그것에 인생을 허비하지 말고, 중요한 사실에 인생을 걸라고 말합니다. 그것은 하나님을 경외하고 말씀을 순종하고 지키는 일입니다. 이보다 더 가치 있는 일은 없습니다.

십대들이 공부하는 것은 세상의 영광을 얻고자 함이 많습니다. 그러나 다 헛된 것입니다. 그 속에서 하나님을 찾지 못하면 그는 실패자가 됩니다. 인생을 굳이 오래 살지 않아도, 십대에도 인생을 지혜롭게 살 수 있습니다. 전도서의 교훈을 잘 새긴다면 말입니다.

03

결국은 모두 죽는다

"내가 보니 지혜가 우매보다 뛰어남이 빛이 어둠보다
뛰어남 같도다." (전 2:13)

열린 마음

● 장례식에 참석하거나 장례식의 모습을 보면서 느끼는 점은 무엇입니까?

_____

_____

 말씀 먹기

● 전도서 2:12-26을 읽고 다음 질문에 답해 보세요.

본문은 왕이 갖고 있는 쾌락과 소유와 지혜와 여러 가지 일 등을 묘사하고 있습니다. 이것은 세상 사람들이 그렇게 갖고 싶어 하는 것들입니다. 그러나 이것에 대한 결론은 모두 헛된 것이라고 말합니다. 오히려 오늘 주신 것을 하나님께 감사하고 그것을 즐기면서 살아가는 것이 지혜로운 일입니다.

1 이미 왕이 알고 있었던 중요한 인생의 지혜는 무엇입니까? (12-14)

_____

_____

2 설사 지혜를 얻었다 해도 무엇 앞에서는 어리석은 사람과 똑같습니까? (15-16)

_____

_____

3 왜 인생살이가 헛되고 덧없는 것입니까? (17)

_____

_____

4 세상에서 온갖 수고를 다하고 죽은 이후에 그것을 다음 사람에게 물려주는 일의 딜레마는 무엇입니까? (18-20)

_____

_____

5 보통 내가 한 수고는 지혜로운 사람이 받아야 하는데 그렇지 않습니다. 그 내용을 말해 보십시오. (21)

_____

_____

6 결과적으로 세상에서 수고한 일은 어떻게 됩니까? (22-23)

_____

_____

7 인생에서 가장 좋은 행복은 무엇입니까? (24-25)

8 하나님이 의인과 악인에게 행하시는 일은 무엇입니까? (26)

🌱 생각해 보기

1 겉으로 보면 모든 것이 그럴듯하게 보이지만 세상 일 속에 깊이 들어가면 세상에서 하는 슬기로운 일과 어리석은 일이 모두 헛됩니다. 그 이유는 무엇입니까?

> 💡 **Tip** 사람이 생각하는 지혜라는 것은 어리석은 사람들의 생각이나 별로 다를 바가 없습니다. 왜냐하면 어리석은 자나 지혜로운 자나 그들에게는 똑같이 죽음이 닥치기 때문입니다. 지혜가 있다고 해서 죽지 않는 것이 아닙니다. 결국은 모두가 죽습니다. 대단하게 생각할 것이 별로 없습니다.

2 헛된 세상의 일을 하면서도 그 가운데서 지혜롭게 살아가는 삶의 처세술은 무엇입니까?

 ## 삶의 적용

1 짧은 인생을 진정한 행복을 누리면서 의미 있게 살아갈 수 있는 나의 처세술을 정리해 보십시오.

_____

_____

2 이 시간 나의 인생에서 가치를 잘못 정하고 있는 것이 있다면 그것은 무엇입니까?

_____

_____

3 오늘 나의 삶에서 하나님이 주신 것에 대해 나는 얼마나 감사하고 있는지 점검해 보십시오.

_____

_____

모두 똑같다

우리는 다른 사람과 경쟁하여 무언가 다르게 살려고 합니다. 그러나 그것도 알고 보면 헛된 일입니다. 크게 다르다고 해도 결국은 같은 것입니다. 잠시 동안은 세상에서 대단한 것 같아도 죽을 때는 똑같습니다. 가지고 가는 것도 없고 더 넓은 평수에 묻히는 것도 아닙니다. 사람은 매한가지로 모두가 죽습니다. 모두가 죽음의 그 길을 가고 있습니다. 그 면에서 모두 같습니다.

그렇게 보면 세상에서 조금 더 잘 살고, 조금 더 오래 살고 하는 것이 그리 중요하지 않습니다. 결론은 모두 같기 때문입니다. 고생을 하지 않고 건강하게 살아도 죽을 때는 똑같습니다. 설사 평생 고생만 죽어라 하고 병으로 고통스럽게 지낸다 해도 죽을 때는 같습니다. 죽은 이후에는 그것을 기억하지 않습니다. 남보다 더 잘 살고 다른 사람에게 더 기억되려고 해 보아야 결국은 모두 바람 잡는 것입니다.

이렇게 보면 내가 다른 사람과 크게 다를 바가 없습니다. 없다고 슬퍼하지 말고 있다고 교만하지 말고 주어진 일에서 감사하며 하나님을 영화롭게 하며 사는 것이 더 중요한 일입니다.

하나님 마음에 드는 것이면 됩니다. 어떻게 살든지 말입니다. 어떻게 사느냐로 마음에 슬퍼할 필요가 없습니다.

04

모든 것은 때가 있다

"범사에 기한 있고 천하 만사가 다 때가 있나니." (전 3:1)

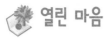

열린 마음

● 지금까지 살아오면서 가장 기뻤을 때와 가장 슬펐을 때는 언제였습니까?

_____

_____

말씀 먹기

● 전도서 3:1-15을 읽고 다음 질문에 답해 보세요.

세상은 그냥 움직이는 것 같아도 때를 따라 움직입니다. 하나님이 정하신 때가 있고 우주의 때가 있습니다. 모든 것은 그 때를 중심으로 움직입니다. 인간은 그 때를 알고 행동할 때 지혜로워집니다. 물론 그 때가 쉽게 보이는 것은 아닙니다.

1 모든 일은 때가 있습니다. 그리고 세상에 일어나는 일은 알맞은 때가 있습니다. 예를 들면 어떤 때인지 말해 보십시오. (1-8)

긍정적인 때	부정적인 때
태어날 때	
심을 때	
살릴 대	
세울 때	
웃을 때	
기뻐 춤출 때	

모아들일 때	
껴안을 때	
찾아 나설 때	
간직할 때	
꿰맬 때	
말할 때	
사랑할 때	
평화를 누릴 때	

2 사람이 애쓴다고 해서 무엇을 더 보탤 수 없습니다. 이런 일을 통해 사람이 배울 수 있는 교훈은 무엇입니까? (9-11)

_____

_____

3 어떻게 사는 것이 가장 행복한 삶입니까? (12-13)

_____

_____

4 인간이 하나님을 두려워할 수밖에 없는 이유는 무엇입니까? (14)

_____

_____

5 현재 존재하는 것에 대한 인생의 지혜를 말해 보십시오. (15)

_____

_____

 생각해 보기

1 모든 것은 때에 맞추어 해야 합니다. 왜 그런지 그 이유를 말해 보십시오.

_____

_____

💡 **Tip** 좋다는 것은 때를 잘 맞추었다는 것입니다. 어떤 일이 아무리 좋아도 때가 안 좋으면 그것은 좋은 것이 될 수 없습니다. 아무리 실력이 있어도 때가 안 맞으면 성과를 낼 수 없습니다. 세상에는 때를 만나지 못해 훌륭한 능력이 있음에도 그것을 제대로 발휘하지 못하고 스러지는 경우가 많습니다.

2 하나님이 주신 최고의 날은 오늘입니다. 이날에 최선을 다하는 것이 중요한데 왜 사람들은 오늘에 만족하지 못합니까?

_____

_____

💡 **Tip** 하나님은 이미 하신 일을 되풀이하십니다. 세상의 역사를 보면 모두 같은 일의 반복입니다. 역사를 통해 교훈을 얻을 수 있는 까닭은 반복해서 같은 일이 나타나기 때문입니다. 과거 속에 현재가 있고, 현재 속에 미래가 있습니다. 현재만 잘 살펴보아도 문제는 모두 해결될 수 있습니다. 그래서 오늘의 삶이 중요합니다. 오늘을 잘 보내는 것이 미래를 잘 보내는 길입니다.

 삶의 적용

1 하나님이 주신 가장 좋은 때를 알 수 있는 방법이 있으면 말해 보십시오.

_____

_____

2 하나님이 하시는 일은 한결같이 신실합니다. 이것을 믿고 나가기 위해서 내가 가져야 할 믿음의 모습은 무엇입니까?

_____

_____

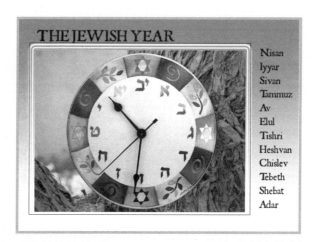

THE JEWISH YEAR

Nisan
Iyyar
Sivan
Tammuz
Av
Elul
Tishri
Heshvan
Chislev
Tebeth
Shebat
Adar

유대인의 시계 달력

카이로스와 크로노스

　시간에는 하나님의 시간과 인간의 시간이 있습니다. 헬라어로 하나님의 시간은 카이로스이고 사람의 시간은 크로노스입니다. 시간이라고 다 같은 시간은 아닙니다.

　하나님의 때가 모든 것을 이루는 때입니다. 그때가 가장 좋은 때입니다. 사람이 생각하는 때는 좋은 때가 아닙니다. 사람들은 자신들이 원하는 때를 좋은 때라고 생각합니다. 그러나 그렇지 않습니다.

　중요한 것은 사람이 하나님의 때를 알기 쉽지 않다는 것입니다. 언제 꿈이 이루어질지 아무도 모릅니다. 어쩌면 내가 살아 있는 동안에는 영영 이루어지지 않고 사라질 수도 있습니다. 그리고 내가 죽은 후에, 먼 미래에 이루어질 수도 있습니다.

　때는 내가 정하는 것이 아닌 하나님이 정하시는 것입니다. 나는 다만 그때를 기다리고 인내하면서 참고 나아가는 것입니다. 언젠가는 좋은 때가 있을 줄을 믿고 그날을 향해 달려갑니다. 오늘 작은 것을 이루는 것을 경험하면서….

　때를 알려고 하기보다는 오늘 일에 최선을 다하면 언젠가 나에게 좋은 때가 옵니다. 내가 노력하지 않고 성숙되지 않은 상황에서는 좋은 때가 오지 않습니다.

　열매를 맺으려면 수고하여 싹과 잎이 나야 합니다. 그 이후에 열매를 맺는 때가 오는 것입니다. 그냥 시간만 간다고 좋은 때가 오는 것은 아닙니다.

05

혼자보다 둘이
낫다

"한 사람이면 패하겠거니와 두 사람이면 맞설 수 있나니 세 겹 줄은 쉽게
끊어지지 아니하느니라." (전 4:12)

열린 마음

● 하나님이 생물을 만드실 때 둘씩 짝을 지어서 만드신 이유는 무엇입니까? 하나보다 둘이 좋은 이유는 무엇입니까?

_____

_____

 말씀 먹기

● 전도서 4:4-16을 읽고 다음 질문에 답해 보세요.

본문은 인생의 힘이 어디서 오는지를 말하고 있습니다. 흔히 자기 혼자로서도 인생을 사는 힘은 충분하다고 생각합니다. 그래서 내가 남을 이기려고 합니다. 그러나 그렇지 않습니다. 혼자가 아니라 함께일 때 위대한 힘이 분출됩니다. 성공도 알고 보면 혼자가 아닌 모두와 함께 누리고자 하는 것입니다.

1 온갖 노력과 성취는 어디에서 비롯된 것입니까? 이런 경쟁심에서 오는 성취와 성공은 결국 어떤 결과를 가져옵니까? (4)

_____

_____

2 경쟁을 통하여 무엇인가 이루어 보려고 하는 사람보다 어떤 사람이 더 낫습니까? (5-6)

3 세상에서 헛된 일 한 가지를 예를 들어 말해 보십시오. (7–8)

4 왜 혼자보다 둘이 낫습니까? (9–12)

5 어떤 왕이 어리석습니까? 어떤 이도 왕이 될 수 있습니까? (13–15)

 생각해 보기

1 세상의 일은 모두 경쟁을 통해서 이루어냅니다. 세상은 좋은 성과를 위해서 경쟁을 부추깁니다. 경쟁을 통해서 하는 것은 왜 문제가 있습니까?

2 혼자보다 둘이 낫고 서로 협력하는 것이 좋습니다. 그러나 일에 매인 사람은 오직 자기 혼자만 생각하며 죽어라 수고만 하다가, 평생 하나님이 주신 시간을 즐기지도 못하고 죽는 경우가 많습니다. 왜 이런 현상이 일어납니까?

 삶의 적용

1 나는 시기심에서 수고와 노력을 합니까? 아니면 스스로 즐거워서 합니까?

_____

_____

2 나와 함께 인생을 살기를 원하는 사람들은 누구입니까? 현재 함께 협력하는 사람이 있으면 말해 보십시오.

_____

_____

하얀 무덤

함께하는 즐거움

혼자보다 둘이 낫다는 것을 모르는 사람이 없습니다. 그럼에도 이것이 잘 안 되는 이유는 무엇일까? 그것은 인간의 욕심과 교만 때문입니다. 인간은 같이 서기보다는 혼자 서는 것을 좋아합니다. 인간이 처음 만들어졌을 때는 하나님과 같이 살도록 되어 있었습니다. 그런데 인간은 하나님을 몰아내고 자기가 하나님과 같아지려는 욕심을 품었습니다. 거기서부터 인간은 혼자 서는 것을 좋아했습니다.

일도 여러 사람들의 유익을 위해 같이 해야 하지만 결국은 자기의 유익 때문에 하는 것이 많습니다. 자기만을 위해서 사는 사람도 많습니다. 오직 자기의 이름과 명예를 위해서 다른 사람을 죽이기도 합니다.

그러나 결국 인간은 혼자 살 수 없습니다. 인간과 같이 살아야 하고 하나님과 같이 살아야 합니다. 모두가 함께하는 그런 사회가 하나님이 만드신 사회입니다. 하나님과 인간과 자연이 함께하는 그런 세상이 아름답습니다.

욕심이 많을수록 다른 사람과 함께하지 못합니다. 그러나 욕심을 버리면 같이 하기가 쉽습니다. 세상에서 함께하는 것처럼 아름다운 일은 없습니다. 특히 하나님과 함께하는 것보다 더 큰 힘을 얻는 일은 없습니다.

06

말을 조심하라

"꿈이 많으면 헛된 일들이 많아지고 말이 많아도 그러하니 오직 너는
하나님을 경외할지니라." (전 5:7)

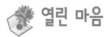 **열린 마음**

● 혀는 사람의 지체 중에서 작은 지체입니다. 말은 혀를 통해서 나오는데 언어는 하나님이 인간에게만 주신 특별한 선물입니다. 그동안 살아오면서 말 실수를 했던 경험이 있었으면 말해 보십시오.

_____

_____

 말씀 먹기

● 전도서 5:1-9을 읽고 다음 질문에 답해 보세요.

본문은 말과 관련된 금언들을 담고 있습니다. 말과 관계된 것으로 제사(예배), 기도, 서원 등이 있는데, 이것에 대한 성경적인 지침을 말하고 있습니다. 말을 함부로 하는 등의 분별없는 열심은 위험합니다.

1 우리가 하나님께 예배하러 갈 때 꼭 기억해야 할 사항은 무엇입니까?

(1)

_____

_____

2 하나님 앞에서 기도할 때 어떻게 하는 것이 현명합니까? (2)

3 말과 공상이 많아지면 우리에게 어떤 해가 닥칩니까? (3, 7)

4 서원에 대한 성경적인 지침은 무엇입니까? (4-6)

5 나쁜 왕들이 저지르는 일은 무엇입니까? 이런 일을 보고 놀라지 말아야 하는데 그 이유는 무엇입니까? (8-9)

 생각해 보기

1 사람은 모든 면에서 입을 조심해야 합니다. 이것은 하나님 앞에서도 마찬가지로 적용됩니다. 예배와 기도 속에서 적용해야 할 원리를 말해 보십시오.

---

2 선한 왕과 악한 왕의 차이점은 무엇입니까? 구약시대의 왕들을 통해서 정리해 보세요.

 삶의 적용

1 나는 교회에 예배 드리러 갈 때 나의 말을 하기 위해 갑니까? 하나님의 말씀을 듣기 위해 갑니까? 점검해 보십시오.

_____

_____

2 나의 기도생활을 점검해 보십시오. 말을 많이 하는 기도입니까? 아니면 하나님의 음성을 듣는 기도입니까?

_____

_____

유대인의 회당

말이 많으면 어리석게 된다

사람이 죄를 짓는 것은 거의 말을 통해서입니다. 말만 바르게 사용해도 대부분의 문제는 해결됩니다. 죄 중에 입으로 짓는 죄가 80% 이상이 됩니다. 혀는 불과 같습니다. 혀는 작지만 온몸을 불태울 수 있습니다. 그리고 절제하지 못하는 말은 사람을 우둔하게 합니다.

말이 많으면 어리석은 소리가 많아집니다. 말을 절제하고 꼭 필요한 말만 하도록 해야 합니다. 사단은 우리의 언어를 잘못 사용하게 만듭니다. 험담과 거짓을 행하면서 사회를 어렵게 합니다. 사람 사이를 이간질합니다. 말을 조심해야 합니다.

말을 사용하는 지혜로운 방법은 말을 적게 하는 것입니다. 필요한 말만 하고 많이 듣는 것이 지혜로운 태도입니다. 말을 많이 하다 보면 죄를 짓기 십상입니다.

특히 하나님 앞에서도 말을 많이 하는 것은 금물입니다. 예배 때나 기도할 때 말을 많이 하는 것은 이방인들이 행하던 습관입니다. 말이 많은 기도가 더 좋은 기도는 아닙니다. 오히려 하나님의 말씀을 많이 듣는 시간을 가지는 것이 중요합니다. 기도도 듣는 것에서부터 시작해야 합니다. 말을 많이 하다 보면 잘못된 서원을 하게 됩니다.

나는 말을 얼마나 많이 하는 편입니까? 기도할 때도 말을 많이 하지는 않습니까?

07

부자가 된들…

"그는 자기의 생명의 날을 깊이 생각하지 아니하리니 이는 하나님이 그의 마음에
기뻐하는 것으로 응답하심이니라." (전 5:20)

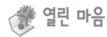 열린 마음

● 세상 사람들은 부자가 되고 싶어 합니다. 한때 온 나라에 유행했던 말이 "부자되세요"였습니다. 왜 사람들은 부자가 되고 싶어 합니까? 부자의 장점과 단점을 말해 보십시오.

_____

_____

 말씀 먹기

● 전도서 5:10-6:9 읽고 다음 질문에 답해 보세요.

본문은 재물에 대한 주제를 하나로 묶었습니다. 세상의 재물은 아무리 많이 쌓아도 헛된 일입니다. 중요한 것은 하나님이 주신 오늘의 시간을 즐기는 것입니다. 주신 물질을 사용하고 즐기면서 하나님께 감사하고 그 물질을 이웃과 함께 나누는 삶은 언제 보아도 아름답습니다.

1 돈을 좋아하는 사람들의 특징과 이것을 통한 교훈은 무엇입니까? (5:10-11)

_____

_____

2 누가 편안하게 잡니까? (5:12)

3 전도자가 본 세상에서 비참한 일은 무엇입니까? (5:13-17)

_____

_____

4 우리는 하나님께 받은 우리의 몫을 어떻게 살아가야 합니까? (5:18-20)

_____

_____

5 전도자가 본 세상에서 잘못되고 억울하고 견디기 힘든 일은 무엇입니까? (6:1-3)

_____

_____

6 사람은 결국 죽습니다. 그렇다면 세상에서 어떻게 사는 것이 지혜로운 삶입니까? (6:4-5)

_____

_____

7 세상이 두 번씩 바뀐다고 해도 인생 행복의 결론은 무엇입니까? (6:6)

_____

_____

🌺 생각해 보기

1 재물을 얻고 쌓는 것은 결국은 더 헛된 것입니다. 마지막에는 그것들 모두가 사라지기 때문입니다. 그럼에도 재물을 무시할 수는 없습니다. 재물을 어떻게 사용하는 것이 바람직한지 말해 보세요.

_____

_____

💡 **Tip** 재물은 결국은 다 사라집니다. 그렇다면 가진 재물을 하나님이 주신 것이라 생각해 그것을 선한 데 사용하고, 생활 속에서 먹고 마시며 나누는 것이 지혜로운 삶입니다. 쌓는 재미보다 나누는 데 의미를 두는 것이 좋습니다. 하나님은 자연과 물질을 인간에게 충분히 즐기라고 주신 것입니다.

2 재물은 어떤 점에서 위험하고 조심해야 합니까?

_____

_____

💡 **Tip** 재물과 하나님을 겸하여 섬길 수 없습니다. 그럼에도 재물이 하나님처럼 되어서 인간에게 신으로 다가오는 예가 많습니다. 인간이 재물을 섬기면 재물이 인간을 지배하면서 인간성은 파괴됩니다. 재물의 선과 악은 인간이 어떻게 관리하고 다스리느냐에 따라 결정됩니다. 재물을 쌓기 시작하면 욕심이 생겨 무서운 재앙을 초래할

수 있습니다.

 삶의 적용

1 나의 성경적인 재물관을 말해 보십시오.

_____

_____

2 나는 하루를 어떻게 살아가고 있습니까? 부족하게 느껴지는 재물을 어떻게 하면 만족스럽게 누리며 살 수 있는지 그 방법을 말해 보십시오.

_____

_____

동전 속의 얼굴 형상

가진 것으로 만족하게 사는 법을 터득하라

우리는 무엇이든지 많은 것을 좋아합니다. 돈도 많을수록 좋다고 합니다. 그러나 많은 것과 만족하는 것은 다릅니다. 아무리 많아도 만족하지 않을 수 있습니다. 중요한 것은 많은 것이 아니고 만족하는 것입니다. 만족하지 않으면 아무리 많아도 소용이 없습니다. 오히려 욕심만 더 커질 뿐입니다.

그럼에도 사람들은 많으면 만족할 것이라고 생각하면서 돈을 많이 쌓습니다. 많이 쌓기 위해 현재의 일을 즐기지 못하고 감사하지 못합니다. 더 많이 쌓기 위해 한 번도 제대로 사용해 보지 못하고, 또 나누지도 못한 채 평생 돈만 벌다가 어느 날 죽음을 맞는 사람도 있습니다. 왜 수고하는지도 모르면서 어리석게 일과 돈만 위해서 사는 사람도 있습니다. 오늘이라도 하나님이 영혼을 불러 가면 모든 것이 끝인데도 말입니다.

열심히 재산을 버는 사람이 있는가 하면, 어떤 사람은 노력도 안 했는데 재산을 쓰는 데 바쁜 사람이 있습니다. 천년만년 산다고 해도 자기에게 주어진 재산을 제대로 사용도 못하고 죽는다면 이것보다 더 한심한 일은 없습니다.

가지고 있는 것에 만족하는 것이 욕심에 사로잡혀 사는 사람보다 낫습니다. 나는 앞으로 어떻게 살기를 원합니까? 이것을 지혜롭게 생각하는 것은 열심히 사는 것보다 더 중요합니다.

08

더 좋은 것

"형통한 날에는 기뻐하고 곤고한 날에는 되돌아보아라 이 두 가지를 하나님이
병행하게 하사 사람이 그의 장래 일을 능히 헤아려
알지 못하게 하셨느니라." (전 7:14)

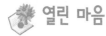

열린 마음

● 우리는 인생을 살아갈 때 어느 것이 좋은지 생각하고 더 좋은 쪽을
  선택하려고 합니다. 나는 더 좋은 것을 어떤 기준으로 선택하는지, 그
  기준이 있으면 말해 보십시오.

_____

_____

말씀 먹기

● 전도서 7:1-14을 읽고 다음 질문에 답해 보세요.
  본문은 격언들의 모음집입니다. 다양한 격언들이 모아져 있는데, 특
  히 더 좋은 것에 대한 격언들이 나열되어 있습니다. 지혜란 어떤 것
  이 더 좋은지를 구별하여 그것을 삶에 적용하는 것입니다. "더 좋은"
  에 대한 여섯 개의 격언이 열거되어 있습니다. (1, 2, 3, 5, 8)

1 우리가 살아가는 삶 중에 더 좋은 것을 비교하여 보십시오. (1-11)

비교 대상	구절	더 나은 것
향유	1	
죽는 것	1	
잔칫집	2	
웃음	3	
노래	5	
시작할 때	8	
자만할 때	8	
유산	11	

2 왜 초상집에 가는 것이 잔칫집에 가는 것보다 더 좋습니까? (2-3)

_____

_____

3 지혜로운 사람을 어리석게 하는 것은 무엇입니까? (5)

_____

_____

4 왜 지혜가 유산보다 더 좋습니까? (11-12)

_____

_____

5 좋은 때와 어려운 때를 대처하는 현명한 처신법은 무엇입니까? 하나님은 왜 우리 인생에 좋은 때와 나쁜 때를 같이 주십니까? (13-14)

_____

_____

 생각해 보기

1 사람들은 진정으로 좋은 것을 알지 못하고 더욱 좋지 못한 것에 마음을 두는 경우가 많습니다. 왜 그렇다고 봅니까? 또 "더 좋은 경우를"

정리해 보면서 발견되는 영적 진리는 무엇입니까?

_____

_____

💡 **Tip** 사람들은 더 좋은 것을 알지 못하고 더 좋지 못한 것을 선택합니다. 그것은 당장의 삶만 생각하고 현재만 보기 때문입니다. 더 좋은 것을 선택하며 가까이 하는 사람이 지혜롭습니다. 아주 상식적인 것임에도 그것을 모르고 어리석게 살아가는 사람이 많습니다.

2 사람들은 돈을 지혜보다 더 좋아합니다. 그 이유는 무엇일까요?

_____

_____

💡 **Tip** 길게 보지 못하기 때문입니다. 당장의 눈앞만을 보기 때문에 돈을 더 좋아하는 것입니다. 그러나 길게 보면 지혜가 돈보다 유익합니다. 돈은 사라지지만 지혜는 사라지지 않고 사람을 영원히 지켜줍니다. 지혜를 가지면 빈손으로도 성공할 수 있습니다. 지혜는 인생 전체를 보는 능력입니다.

 삶의 적용

1 나는 생활에서 얼마나 바른 선택을 하면서 살아갑니까? 바른 선택을 위한 나만의 기준법이 있으면 공개해 보세요.

_____

_____

2 하나님의 마음을 품고 하나님의 눈으로 인생을 바라보는 사람이 지혜롭습니다. 하나님의 지혜를 얻기 위한 나의 실천 지침을 말해 보십시오.

_____

_____

가나안의 일곱 가지 식물

더 나은 것을 찾아라

지혜로운 사람은 인생을 단순히 즐기는 것보다 의미 있는 곳에 더 가치를 둡니다.

인간은 생각하는 동물입니다. 감각만 움직이는 동물과는 다릅니다. 어떻게 태어나는가보다 어떻게 죽는가 하는 것이 더 중요합니다. 초상집에 가는 것이 잔칫집에 가는 것보다 낫습니다. 그것은 인간은 누구나 죽는다는 것을 초상집에서 배우기 때문입니다. 그러면 훨씬 지혜로워질 수 있습니다.

사람들은 노랫소리와 웃음과 기쁨을 슬픔과 책망보다 더 좋아합니다. 그러나 실제는 그렇지 않습니다. 오히려 웃음보다 슬픔이 나을 수 있고, 노래보다 책망을 듣는 것이 더 나을 수 있습니다. 슬픔과 책망과 고난을 무조건 부정적으로 보는 것은 좋은 태도가 아닙니다. 기쁘고 긍정적인 마음으로 살아가야 하지만 슬픔과 고난과 책망의 가치도 제대로 알아야 합니다. 그것의 소중함을 알지 못하면 진정한 기쁨과 웃음을 소유할 수 없습니다. 슬픔 없는 기쁨은 의미가 없습니다. 실패 없는 성공, 부정 없는 긍정은 위험합니다. 지혜는 이것을 제대로 아는 것입니다.

십대들에게 필요한 인생의 가르침은 노래하고 즐거워하고 웃는 데 있는 것이 아니라, 고난과 슬픔과 책망의 의미를 알면서 그것을 잘 수용하는 데 있습니다.

09

모두가 겪는 일인데…

"분명히 사람은 자기의 시기도 알지 못하나니 물고기들이 재난의 그물에 걸리고
새들이 올무에 걸림 같이 인생들도 재앙의 날이 그들에게 홀연히
임하면 거기에 걸리느니라." (전 9:12)

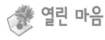 열린 마음

● 인생은 공평합니다. 인간이 볼 때는 불공평한 것 같아도 하나님이 하시는 일은 공평합니다. 인간의 삶은 결국 모두 다 같다는 것을 알 수 있는 주변의 예를 들어 보십시오.

_____

_____

 말씀 먹기

● 전도서 9:1-12을 읽고 다음 질문에 답해 보세요.

전도서는 인생을 가르쳐 주는 인생 교과서입니다. 이 내용은 학교에서도 알려주지 않는 것으로, 사람이라면 꼭 배워야 하는 지혜들로 가득 차 있습니다. 본문은 언뜻 보면 염세주의자처럼 인생의 허무를 노래하는 것같이 보이지만, 이것들을 잘 알 때 드디어 인생을 즐기면서 살아갈 수 있습니다.

1 하나님이 조종하시는 사람은 누구입니까? (1)

_____

_____

2 세상의 모든 사람은 어떤 점에서 다 같은 운명을 타고 태어났습니까? (2-3)

3 어떤 사람에게 희망이 있습니까? 그 예를 들어 보십시오. (4~6)

4 세상을 살아갈 때 어떤 삶이 지혜로운 사람의 삶입니까? (7~10)

5 세상의 일은 인간의 생각처럼 되지 않습니다. 그 예를 말해 보십시오. (11)

6 사람의 한계점을 말해 보십시오. (12)

 생각해 보기

1 내가 지금 살아 있다는 것 자체가 감사한 일입니다. 이것을 통해 얻는 인생의 지혜를 정리해 보십시오.

_____

_____

💡 **Tip** 인생은 내가 살고 싶다고 사는 것이 아닙니다. 하나님이 허락하셔야 가능합니다. 이렇게 보면 살아 있다는 것 자체가 감사한 일입니다. 지혜로운 사람이란 오늘 주어진 시간을 최선을 다해 즐기는 삶을 사는 사람입니다.

2 사람은 한치 앞을 알지 못합니다. 지금 잘 한다고 해서 꼭 잘되는 것이 아닙니다. 인간의 삶은 인간의 계획이 아니라 하나님이 인도하셔야 됩니다. 그것을 경험함에도 사람들이 하나님을 인정하지 않는 이유는 무엇입니까?

_____

_____

💡 **Tip** 하나님을 거부하는 것은 인간의 교만 때문입니다. 자기가 노력한 만큼 하나님이 복을 주신다고 생각합니다. 그러나 그것은 잘못입니다. 사람이 노력한 대로 복을 받는 것이 아니라 하나님이 은혜를 주셔야 복을 받습니다. 우리에게 주시는 하나님의 은혜는 인간의 노력 이상입니다. 그것을 알 때 인간은 겸손하게 됩니다.

 삶의 적용

1 나는 오늘 하루를 어떻게 보내고 있습니까?

_____

_____

2 하나님을 믿는 사람은 매일의 삶을 어떤 자세로 살아야 한다고 봅니
까? 하나님의 지혜를 얻기 위해 나는 무엇을 해야 합니까?

_____

_____

족장 유목민의 장막

모든 것은 하나님의 손안에서 움직인다

어리석은 사람의 특징은 모든 것이 자기가 뜻하는 대로 움직인다고 생각하는 것입니다. 특히 재물과 지위를 가지고 안 되는 일 없이 행했던 사람은 모든 것을 다 할 수 있다는 착각을 합니다. 권력과 명예와 재물을 가지고 힘을 자랑하며 자기가 하고픈 일을 했던 사람들은 스스로 교만하여 하나님과 같이 되려는 유혹까지 받습니다.

그러나 인생은 그렇지 않습니다. 마음먹은 대로 되는 것이 아닙니다. 달리기를 잘 한다고 늘 이기는 것이 아니고, 힘이 있다고 해서 전쟁에서 늘 승리하는 것이 아닙니다. 많이 배웠다고 늘 잘되는 것도 아닙니다. 좋은 학교를 졸업했다고 성공 가도를 달리는 것이 아닙니다. 지금 잘된다고 나에게 재난이 없다고 생각해서는 안됩니다. 그런 사람에게는 재난이 갑자기 닥치고 자기가 생각하는 대로 안 되는 날이 올 것입니다. 그때는 힘없이 무너집니다.

인간의 힘이 아닌 하나님의 손에 의해 인생이 움직입니다. 따라서 어느 누구든 하나님의 손안에 들어가면 성공을 이룰 수 있습니다. 하나님이 허락하시면 한 번에 지위와 재물을 얻을 수 있습니다. 그러나 하나님이 손을 떼시면 아무리 큰 성공도 한순간에 패배가 됩니다.

늘 하나님을 의지하며 겸손하게 은혜를 바라고 사는 것이 최고의 지혜입니다.

10

어리석은 자,
지혜로운 자

"지혜자의 입의 말들은 은혜로우나 우매자의 입술들은 자기를 삼키나니 그의 입의
말들의 시작은 우매요 그의 입의 결말들은 심히 미친 것이니라." (전 10:12-13)

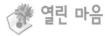 **열린 마음**

● 세상에는 두 종류의 사람이 있습니다. 어리석은 자와 지혜로운 자입니다. 이것을 구분하는 원칙이 있다면 무엇인지 각자 생각나는 대로 말해 보십시오.

_____

_____

 말씀 먹기

● 전도서 9:17-10:15을 읽고 다음 질문에 답해 보세요.

세상에는 지혜로운 사람과 어리석은 자들이 함께 있습니다. 우리는 어리석은 자를 피하고 지혜로운 사람의 삶을 따라야 합니다. 그러면 어리석은 자의 모습은 어떤 것인가? 본문은 어리석은 자와 지혜로운 사람을 비교하여 그것을 잘 정리해 주고 있습니다.

1 어리석은 통치자가 고함치는 것보다 어떤 사람의 말이 유익합니까?
(9:17-18)

_____

_____

2 지혜로운 사람과 어리석은 사람의 마음은 각각 어디에 가 있습니까?
(10:1-3)

66

3 세상에서 잘못된 일 하나를 말해 보십시오. (10:5-7)

4 사람이 하는 일 가운데 아이러니한 일들을 말해 보십시오. (10:8-11)

5 지혜로운 사람과 어리석은 자의 언어 사용에 대해서 정리해 보십시오. (10:12-14)

6 어리석은 자의 하는 일은 어떤 문제점을 가지고 있습니까? (10:15)

🦁 생각해 보기

1 어리석은 자와 지혜로운 사람은 언어에서 차이가 납니다. 어리석을수록 화를 많이 내고 다른 사람의 말을 듣지 않고 자기 고집대로 합니다. 언어 하나로 인생의 성패가 좌우되는 것을 많이 봅니다. 왜 사람에게 언어가 이토록 중요하다고 생각합니까?

_____

_____

💡 **Tip** 언어는 사람의 인격입니다. 사람의 중심에 있는 것이 언어를 통해서 나옵니다. 언어는 그 사람의 모습을 그대로 보여주는 마음의 열매와 같습니다. 아무나 쉽게 할 수 있는 말이기에 더욱더 말을 조심하고 화 내는 것을 조심해야 합니다.

2 사람이 성공하는 것은 구덩이를 잘 파고 담을 잘 허물고 돌을 떼내고 나무를 잘 팬다고 되는 것이 아닙니다. 지혜를 가져야 성공할 수 있습니다. 지혜란 무엇입니까?

_____

_____

💡 **Tip** 지혜는 사람이 스스로 얻을 수 없습니다. 사람에게는 어리석음이 더 많습니다. 지혜는 하늘에서 주시는 선물입니다. 하늘의 이치를 알고 우주와 인생의 질서를 아는 것은 인생을 다 살아 보고서야 깨닫는 진리입니다. 만약 지혜를 젊은 때 가질 수 있다면 이보다 더 좋은 복은 없습니다. 지혜를 얻으면 인생의 실패가 적어집니다. 세상은 하나님의 지혜대로 움직입니다. 그것을 얻는 것이 최고의 삶입니다.

 삶의 적용

1 나의 언어생활을 점검해 보십시오. 다른 사람에게 피해를 주는 말이
   나 스스로 복을 차 버리는 습관적인 언어가 없는지 점검해 보십시오.

   _____

   _____

2 나는 지혜로 성공하려고 합니까? 눈에 보이는 물질로 성공하려고 합
   니까? 현재 지혜를 얻기 위해 나는 무엇을 하고 있습니까?

   _____

   _____

하나님 은혜의 상징인 유대인 촛대

지혜가 인생을 성공하게 합니다

　흔히 사람들은 성공을 위해서는 인맥과 재물과 건강과 배경이 중요하다고 생각하고 그것을 얻기 위해 노력합니다. 좋은 인맥과 배경을 얻기 위해 미리부터 인맥을 쌓아 갑니다. 힘 있는 사람에게 붙어서 인생의 성공을 꿈꿉니다. 그러다가 의지했던 사람이 무너지면 한순간에 같이 추락합니다.

　우리는 인생에서 한 가지를 늘 기억해야 합니다. 그것은 구덩이를 파는 자가 구덩이에 빠지고, 담을 허무는 자가 뱀에게 물릴 수 있고, 돌을 떠내는 자가 돌에 다칠 수 있고, 나무를 패는 자가 나무에게 다칠 수 있다는 것입니다. 내가 피해를 준 자가 나를 무너지게 할 수 있습니다. 남을 무시하는 그것이 나에게 큰 화가 될 수 있습니다. 우리는 우리가 하는 일을 잘 모릅니다.

　사람은 언제 어떻게 될지 아무도 모릅니다. 이것을 알고 늘 겸손하게 하나님을 바라보는 것이 최고의 지혜입니다. 하나님을 바라보면서 모든 것을 소중하게 생각하고, 작은 것이라도 우습게 여기지 않고 겸손함을 갖는 지혜는 우리를 성공하게 만듭니다.

　지혜가 없으면 다 이루어 놓고도 마지막에 무너질 수 있습니다. 그러나 지혜가 있으면 영원히 승리할 수 있습니다. 특히 하나님을 아는 지혜를 얻으면 모든 것을 얻게 됩니다.

11

인생의 결론

"일의 결국을 다 들었으니 하나님을 경외하고 그의 명령들을 지킬지어다
이것이 모든 사람의 본분이니라." (전 12:13)

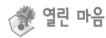 **열린 마음**

● 인생은 다 살아 보지 않아도 결론을 이미 알 수 있습니다. 지혜는 앞으로 일어날 일을 미리 아는 것입니다. 지금까지 살아온 경험을 토대로, 어떻게 살아가는 것이 가장 지혜로운 삶인지 나름대로 정리한 인생 지혜 3계명을 적어 보세요.

— 1계명

_____

— 2계명

_____

— 3계명

_____

 말씀 먹기

● 전도서 11:9-12:14을 읽고 다음 질문에 답해 보세요.

한 번밖에 없는 인생을, 특히 젊은 날을 즐기되, 하나님을 경외하며 주님의 심판을 바라보면서 오늘을 행복하게 산다면 이보다 지혜로운 일은 없을 것입니다. 인생은 짧습니다. 어떻게 인생을 계획하고 어떻게 인생의 핵심을 잡고 살아야 하는지 본문은 결론적으로 잘 정리해 주고 있습니다.

1 전도자가 젊은이들에게 주는 인생의 교훈은 무엇입니까? (11:9-10)

_____

_____

2 젊을 때 무엇을 기억하는 것이 좋습니까? (12:1-2)

_____

_____

3 나이가 들면 어떤 일이 일어납니까? (12:3-5)

_____

_____

4 하나님을 언제 기억하고 믿음을 가져야 합니까? (12:6-7)

_____

_____

5 전도자가 말하는 세상 삶의 결론은 무엇입니까? (12:8)

_____

_____

6 전도자는 후대 사람들에게 무엇을 남겼습니까? (12:9-11)

7 전도자가 말하는 전도서의 결론은 무엇입니까? (12:12-13)

_____

_____

8 인생의 마지막에는 어떤 일이 벌어집니까? (12:14)

_____

_____

🌱 생각해 보기

1 젊은 시기에 하나님을 믿고 하나님을 기억하는 것은 인생에서 가장 지혜로운 일입니다. 나이가 들어서 하나님을 믿게 되면 어떤 문제가 있습니까?

_____

_____

💡 **Tip** 나이가 들어서 하나님을 믿게 되면 인생의 많은 시간을 헛된 곳에 다 허비하게 됩니다. 그러나 젊은 시기에 하나님을 잘 믿으면 하나님을 위해서 일할 수 있고 가치 있는 인생을 살 수 있습니다. 자신은 열심히 산다고 하지만 인생을 마칠 때 돌아보면 헛된 일이 많기 때문입니다. 인생은 열심히 산다고 성공하는 것은 아닙니다.

2 세상의 영광과 부귀를 얻고 많은 일을 성취해도 결국은 헛된 것이 될 수 있습니다. 그 안에 하나님이 없다면 다 물거품이 되고 아무도 기억하지 않는 일이 될 수 있습니다. 그렇다면 어떻게 사는 것이 가장 지혜로운 삶입니까?

💡 Tip 전도자가 말하는 결론은 하나님을 경외하고 그분이 주신 말씀을 지키는 것이 사람이 해야 할 마땅한 의무입니다. 마지막에는 하나님만이 남습니다. 하나님이 하신 말씀만이 영원합니다. 세상의 것은 모두 사라집니다. 인간의 삶도 말씀을 지킨 것만이 의미가 있습니다. 말씀과 관계를 가질 때 영원합니다.

 삶의 적용

1 현재 나는 젊을 때 얼마나 하나님을 경외하며 주님의 말씀을 지키려고 합니까? 이것이 인생의 목표가 되지 못하고 세상의 것에 이끌리는 것이 있다면 찾아보십시오.

---

2 성공은 하나님의 말씀과 깊은 관계가 있습니다. 하나님을 경외하고 하나님의 말씀을 지키기 위한 나의 인생계획을 세워 보십시오.

축복 중의 축복은?

하나님을 두려워하는 사람은 세상을 두려워하지 않습니다. 그러나 세상을 두려워하는 사람은 하나님을 두려워하지 않습니다. 모든 것은 세상의 사람이나 환경이 아닌 하나님에 의해서 움직입니다. 모든 것은 하나님에게로 돌아갑니다. 육체는 원래 있던 흙으로 돌아가고 영혼은 하나님에게 돌아갑니다. 그렇다면 우리가 정말 두려워해야 하는 것은 하나님입니다. 이 세상을 살면서 가장 지혜로운 사람은 하나님의 말씀을 지키면서 하나님을 경외하는 삶을 사는 사람입니다.

특히 젊은 시기에 하나님을 경외하는 것은 모든 것을 얻을 수 있는 축복입니다. 하나님을 두려워하면 겸손하게 됩니다. 하나님을 사랑하게 되면 세상의 모든 사람들도 사랑하게 됩니다. 하나님의 말씀을 지키면 세상의 헛된 것에 유혹당하지 않습니다.

십대들이여, 젊은 시기에 무엇보다도 하나님의 지혜를 배우십시오. 세상을 능가하는 하늘의 지혜를 배워서 인생을 슬기롭게 살도록 하십시오. 한 번 있는 인생에서 무엇이 중요한지를 터득하는 것이야말로 가장 우선적으로 해야 할 공부입니다. 가장 중요한 공부는 뒷전으로 하고 허무한 공부에 열심을 낸다면 이보다 더 허망한 것은 없을 것입니다.

기억하십시오. 우리는 마지막에 하나님 앞에 선다는 사실을….

저자 이대희 목사

장로회 신학대학교 신학대학원(M.Div)과 연세대학교 연합신학대학원(Th.M)을 졸업하고 현재 에스라성경대학원대학교 성경학박사(D.Liit) 과정 중이다.

예장총회교육자원부 연구원과 서울장신대학교 신학과 교수를 역임하고 서울 극동방송에서 "알기 쉬운 성경공부" "기독교 이해" 등의 프로그램을 진행했다. 지난 20여 년 동안 성서사람 · 성서한국 · 성서교회 · 성서나라의 모토를 가지고 한국적 성경교육과 실천사역을 위해 집필과 세미나와 강의사역을 하고 있다. 현재 바이블미션(www.bible91.org) 대표, 꿈을주는교회 담임목사, 독수리기독중고등학교 성경교사, 강남성서신학원 외래교수, 서울장신대 겸임교수로 사역 중이다.

지시서로 《30분 성경공부시리즈》《투데이 성경공부시리즈》《아름다운 십대 성경공부시리즈》《이야기대화식성경연구》《성경통독을 위한 11가지 리딩포인트》《심방실교 이렇게 준비하라》《예수님은 어떻게 교육했을까?》《1% 가능성을 성공으로 바꾼 사람들》《자녀를 거인으로 우뚝 세우는 침상기도》《하룻밤에 배우는 쉬운 기도》《하나님 이것이 궁금해요》《크리스천이 꼭 알아야 할 100문 100답》등 100여 권이 있다.

전도서 어, 인생이 보인다!

틴~꿈 십대성경공부 | 구약책 시리즈 5

초판1쇄 발행일 | 2009년 12월 30일

지은이 | 이대희
펴낸이 | 박종태
펴낸곳 | 엔크리스토
마케팅 | 정문구, 강한덕
관리부 | 이태경, 신주철, 임우섭, 맹정애, 이수진

출판등록 | 2004년 12월 8일(제2004-116호)
주   소 | 경기도 고양시 일산동구 장항동 568-17
전   화 | (031) 907-0696
팩   스 | (031) 905-3927
이메일 | visionbooks@hanmail.net
공급처 | 비전북 전화 (031) 907-3927 팩스 (031) 905-3927

ISBN 978-89-92027-77-9 04230

값 3,000원

● 잘못된 책은 바꾸어 드립니다.
● 이 교재의 사용 방법, 내용, 훈련, 세미나에 대한 문의는 바이블미션(02-403-0196, 010-2731-9078)으로 해주시면 최선을 다해 도와드리겠습니다.

엔크리스토 성경공부 양육 교재

투데이 성경공부

평생 성경공부할 수 있도록 구성한 시리즈. 주제별로 구성되어 있어 각 교회의 상황에 맞게 커리큘럼을 재구성하여 사용할 수 있다.

101 신앙기초(전 9권 완간) | 201 예수제자(전 9권 완간) | 301 새생활(전 12권 완간)
601 성경개관(전 10권 완간) | 401 · 501 발간 예정

30분 성경공부

신앙생활의 기초를 다루었으며 신앙의 전체 그림을 그릴 수 있는 2년 과정의 소그룹 성경교재다. 성경공부를 시작할 때 사용하면 효과적이다.

믿음편 | 기초 · 성숙 생활편 | 개인 · 영성 · 교회 · 가정 · 이웃 · 일터 · 사회 · 세계
성경탐구편 | 창조시대 · 족장시대 · 출애굽시대 · 광야시대 · 정복시대/사사시대 · 통일왕국시대 · 분열왕국시대 · 포로시대/포로귀환시대 · 복음서시대1 · 복음서시대2 · 초대교회시대 · 서신서시대

아름다운 십대 성경공부

십대들이 꼭 알아야 할 성경의 핵심내용과 기독교적 가치관, 세계관을 정립하는 데 필요한 핵심주제를 담고 있으며, 3년 과정으로 구성되었다.

101 자기정체성 · 복음 만남 · 신앙생활 · 멋진 사춘기 · 예수의 사람(전 5권)
201 가치관 · 믿음뼈대 · 십대생활 · 유혹탈출 · 하나님의 사랑(전 5권)
301 비전과 진로 · 신앙원리 · 생활열매 · 인생수업 · 성령의 사람(전 5권)

틴꿈 십대성경공부

성경 전체의 내용을 핵심적으로 구성되었으며, 성경 파노라마를 통해 십대들이 알아야 할 성경의 맥과 개관을 다루고 구약책과 신약책 중에서 십대에 맞는 책을 선택하여 집중적으로 유형별로 균형 있게 공부할 수 있다.

1년차 성경개관 | 성경파노라마 1, 2, 3, 4, 5(전5권)
2년차 구약책 | 창세기 · 에스더 · 다니엘 · 잠언 · 전도서(전5권)
3년차 신약책 | 누가복음 · 로마서 · 사도행전 · 빌립보서 · 요한계시록(전5권)
 • 틴~ 꿈 새가족 양육교재

엔크리스토 성경공부 양육 교재

책별 66권 성경공부

성경 전체 66권을 각 권별로 자유롭게 선택하여 사용할 수 있는 성경공부.
성경 전체를 체계적으로 연구할 수 있다.

창세기 1·2·3·4, 느헤미야, 요한복음 1·2, 로마서, 에스더, 다니엘, 사도행전 1·2·3
(계속 발간됩니다)

엔크리스토 제자양육성경공부

한 사람을 온전한 제자로 만드는 과정으로 7단계로 구성되었있다. 전도(복음소개)와
양육(일대일 양육, 이야기대화식 성경공부)과 영성(영성훈련)의 3차원을 통전적으로
연결되어 있으며 제자훈련 과정으로 적합하다.

복음소개 · 일대일 양육 · 새로운 사람 · 성장하는 사람
변화된 사람 · 영향력 있는 사람 · 영성훈련(전7권)

인도자를 위한 지침서

- 인도자 지침서(십대 성경공부 101·201·301시리즈) | 이대희 지음 | 각 10,000원
- 인도자 지침서(틴꿈 십대성경공부) | 이대희 지음 | 10,000원
- 인도자 지침서(엔크리스토 제자양육성경공부) | 이대희 지음 | 10,000원
- 인도자 지침서(30분 성경공부 믿음편 기초, 성숙 | 생활편 개인, 교회)
  | 이대희 지음 | 10,000원

성경공부에 필요한 참고 서적

- 이야기 대화식 성경연구 | 이대희 지음 | 10,000원
- 크리스천이 꼭 알아야할 100문 100답 | 이대희 지음 | 10,000원
- 꿈을 이루는 10대 크리스천을 위한 52가지 | 이대희 지음 | 10,000원

특 징

성경 66권을 쉽고 재미있게, 깊이 있게 배우면서 한국적 토양에 맞는 현장과 삶에 적용하는 한국적 성경전문학교

모집과정(반별로 2시간씩이며 선택 수강 가능)

- 성경주제반: 성경의 중요한 핵심 주제를 소그룹의 토의와 질문을 통하여 배운다.(투데이성경공부/30분성경공부)
- 성경개관반: 66권의 성경 전체의 맥과 흐름을 일관성 있게 잡아준다.(잘 정리된 그림과 도표와 본문 사용)
- 성경책별반: 66권의 책을 구약과 신약 한 권씩 선정하여 워크숍 중심으로 학기마다 연구한다.(3년 과정)

모집대상

목회자반/ 신학생반/ 평신도반(교사, 부모, 소그룹 양육리더, 구역장, 중직)

시 간

월요일(오전 10시 30분~오후 5시 30분/ 개관반 · 책별반 · 주제반)

수업학제

겨울학기 : 12~2월 | 봄학기 : 3~6월 | 여름학기 : 6~8월 | 가을학기 9~11월
(자세한 내용은 홈페이지 참조 요망. 학기마다 사정에 따라 일자가 변경될 수 있음)

수업의 특징

- 이야기대화식 성경연구방법으로 12주(3개월 과정) 진행
- 전달이나 주입식이 아닌 성경 보는 눈을 열어주고 경험하게 하면서 성경의 보화를 스스로 캐는 능력을 터득하게 하는 방법을 지향하며 소그룹 워크숍 형태로 진행

강사 : 이대희 목사와 현직 성서학 교수와 현장 성경전문 강사

장소 : 바이블미션
　　　　서울시 송파구 가락동 96-5(지하철 8호선 가락시장역)

신청 : 개강 1주일 전까지 선착순 접수(담당 : 채금령 연구간사)

문의 : 바이블미션–엔크리스토 성경대학(010-2731-9078, 02-403-0196)
　　　　(홈페이지 www.bible91.org)